才高八斗——曹植

◎主编 金开诚
◎编著 肖艳丽

吉林文史出版社
吉林出版集团有限责任公司

图书在版编目（CIP）数据

才高八斗——曹植 / 肖艳丽编著．—长春：吉林出版集团有限责任公司，2011.4（2022.1 重印）

ISBN 978-7-5463-4991-6

Ⅰ．①才… Ⅱ．①肖… Ⅲ．①曹植（192 ~ 232）– 人物研究 Ⅳ．①K825.6

中国版本图书馆 CIP 数据核字（2011）第 053396 号

才高八斗——曹植

CAIGAO BADOU CAOZHI

主编/ 金开诚 编著/肖艳丽

项目负责/崔博华 责任编辑/崔博华 邱 荷

责任校对/邱 荷 装帧设计/柳甬泽 张红霞

出版发行/吉林文史出版社 吉林出版集团有限责任公司

地址/长春市人民大街4646号 邮编/130021

电话/0431-86037503 传真/0431-86037589

印刷/三河市金兆印刷装订有限公司

版次 /2011 年 4 月第 1 版 2022 年 1 月第 5 次印刷

开本/640mm×920mm 1/16

印张/9 字数/30千

书号/ISBN 978-7-5463-4991-6

定价/34.80元

前 言

文化是一种社会现象，是人类物质文明和精神文明有机融合的产物；同时又是一种历史现象，是社会的历史沉积。当今世界，随着经济全球化进程的加快，人们也越来越重视本民族的文化。我们只有加强对本民族文化的继承和创新，才能更好地弘扬民族精神，增强民族凝聚力。历史经验告诉我们，任何一个民族要想屹立于世界民族之林，必须具有自尊、自信、自强的民族意识。文化是维系一个民族生存和发展的强大动力。一个民族的存在依赖文化，文化的解体就是一个民族的消亡。

随着我国综合国力的日益强大，广大民众对重塑民族自尊心和自豪感的愿望日益迫切。作为民族大家庭中的一员，将源远流长、博大精深的中国文化继承并传播给广大群众，特别是青年一代，是我们出版人义不容辞的责任。

本套丛书是由吉林文史出版社和吉林出版集团有限责任公司组织国内知名专家学者编写的一套旨在传播中华五千年优秀传统文化，提高全民文化修养的大型知识读本。该书在深入挖掘和整理中华优秀传统文化成果的同时，结合社会发展，注入了时代精神。书中优美生动的文字、简明通俗的语言、图文并茂的形式，把中国文化中的物态文化、制度文化、行为文化、精神文化等知识要点全面展示给读者。点点滴滴的文化知识仿佛颗颗繁星，组成了灿烂辉煌的中国文化的天穹。

希望本书能为弘扬中华五千年优秀传统文化、增强各民族团结、构建社会主义和谐社会尽一份绵薄之力，也坚信我们的中华民族一定能够早日实现伟大复兴！

目录

一、建安时代与建安文学 001
二、曹植的家世 015
三、起伏人生 033
四、建安之杰 059
五、辞赋抒怀 085
六、散文风采 115

一、建安时代与建安文学

（一）动荡的建安时代

建安时代，因东汉最后一个皇帝汉献帝刘协的建安纪元（196—220）而得名。史学上所称的建安时代往往超出这二十五年，大体指汉灵帝末至魏明帝初的四五十年，因为这四五十年具有共同的特点，同时又紧密衔接。

建安时代是一个矛盾重重、社会动荡不安的时期，同时它也是一个社会大

变革的时期。东汉末年，朝廷极端腐败，政治黑暗，卖官鬻爵，贿赂成风，上下沆瀣一气。统治阶级内部相互倾轧，矛盾不断，集中表现为宦官与外戚两大官僚集团之间为争权而进行的残酷斗争和“党锢”之祸。除“人祸”之外，东汉末年天灾不断，水灾、旱灾、蝗灾、瘟疫接踵而至，因此导致土地荒芜，大批农民出走逃亡,社会上到处存在“万民饥流”的问题，而这也进一步激化了农民和地主阶级之间的矛盾，终于爆发了以巨鹿人张角兄弟为首的黄巾农民大起义。黄巾起义得到了处于水深火热之中的百姓的积极响应，队伍迅速壮大。起义军提出“苍天已死，黄天当立”的革命口号，所到之处，烧官府，杀污吏，摧毁很多豪强府第，消灭了很多官僚与地主，以摧枯拉朽之势，从根本上动摇了东汉王朝的黑暗统治。黄巾军主力虽然在短短九个月就被官府联军镇压下去，但各地黄巾军残余力量仍然坚持战斗了十几年，这充分反映出劳动人民反抗压迫和剥削的英雄气概和顽强斗志，正是这一强大阶级斗争的威力，为比较开明的政治局面的出现扫清了道路。

黄巾大起义后，东汉政权的统治陷入了瘫痪状态。地方世家豪族的势力空前膨胀，全国形成了地方割据势力混战的局面，“秦失其鹿，天下共逐之”。最初是以夺取了朝廷大权的董卓一方和以袁绍为盟主的另一方的互相攻伐，他们之间混战不休。董卓为人残暴异常，法令苛刻，乱杀无辜。据史料记载，董卓率军攻陷长安时，被屠杀的人不计其数。董、袁斗争的结果是董卓大败而逃，袁绍成为北方实力最强的割据势力。随之又展开了袁绍集团和曹操集团之间的较量。曹操的军队是在公元 192 年击败青州黄巾军后，在所得的三十万降卒中选拔精锐建立起来的。公元 200 年，官渡一战，曹操以少胜多，大败袁绍，一跃成为北方最强的武装力量。与之同时兴起的还有刘备和孙权的力量。公元 208 年赤壁之战后，魏、蜀、吴三国鼎立形势基本确定，并且随着各方力量的不断

发展，三方都建立了独立的政权。从此，三国的统治者为了能成为统一天下的明君，进行了持续半个多世纪的斗争。一直到公元 263 年魏国消灭蜀汉，公元 280 年司马炎消灭孙吴，才打破纷争数十年之久的三国局面，中国再次得到短暂的统一。

建安时代虽然是一个大动荡、大分化、大组合的历史发展阶段，但乱中有治，大分裂中有小统一。三国鼎立之后，三

方统治者都积极发展各自的政治、经济、文化和军事等各项事业，使各自的政权保持稳固。三国正是这样一个由割据走向统一的过渡阶段，这就是包括曹植在内的建安作家活动的历史舞台。

（二）灿烂的建安文学

建安时代是中国历史上一个重要的过渡和转折阶段。这期间，社会思想进入大解放的状态，建安文学正是在这种新的社会条件下诞生的。建安文学是中国古代文学发展史上的一个重要阶段，它的发展打破了文坛许久的消沉，掀起了诗歌发展的新高潮，表现了新的时代精神，成为继《诗经》《楚辞》之后我国文学发展的一个新高峰。

在中国文学发展史上，一般所称的建安文学，主要是指建安时代的北方文学。因为此时江南文风衰弱，作家作品极少。建安文学是中国古代文学发展史上一个继往开来、成就辉煌的重要阶段，时间虽短，却出现了许多天才的作家和优秀的作品，为后世文学发展提供了丰富的艺术经验，对中国文学的发展产生

过极为深远的影响。

建安文学的灿烂兴盛主要表现在：第一，俊才颇多，群星灿烂，形成了以曹氏父子为领袖的邺下文学集团。据《诗品》称，邺下文学集团人数“盖将百计”。名家主要有孔融、丁仪、陈琳、王粲、徐幹、阮瑀、应玚、刘桢、邯郸淳、繁钦、路粹、杨修、荀纬、祢衡、蔡琰、吴质、王朗等，确实是“彬彬之盛，大备于时”。第二，作品数量和种类丰富。建安诸子一般都有自己擅长的文体和文学形式，如曹植“诗丽表逸”、曹丕“乐府清越”、陈琳“章表殊健”。同时，他们还把注意力放在多种文体的共同发展上，因此，建安时代的文学发展是百花齐放，五彩缤纷。第三，论文兴盛。据《文心雕龙》载，建安诸子，邺下盛会，“傲雅觞豆之前，雍容衽席之上，酒笔以成酣歌，和墨以藉谈笑”，赋诗论文，彼此唱和。当时出现了很多名篇，如曹丕的《典论·论文》

《与吴质书》，曹植的《与杨德祖书》《与吴季重书》，杨修的《答临淄侯笺》等。第四，整理作品，结成文集。建安文人非常注重对文章的搜集和整理，为后世留下了许多宝贵的资源。像建安时代的《孔雀东南飞》这样规模巨大的长篇能够完好无损地保存下来，与建安文人的努力有很大的关系。

建安文学在现实主义创作上取得了

很大的成就，一方面，对当时社会动荡不安的现实给予了很深刻的描写。王粲的《七哀诗》:“出门无所见，白骨蔽平原。路有饥妇人，抱子弃草间。”这首诗表现了战争给人们带来的痛苦和无奈。像这样的作品数不胜数。建安诗人对人们的疾苦表现了高度的关注，具有很强的人民性。基于此，建安文人在作品中高呼国家统一的理想，但统一是个长期而艰苦的过程，所以他们的作品中又充满了浓郁的悲伤气氛，如蔡琰《悲愤诗》:“流离成鄙贱，常恐复捐废。人生几何时，怀忧终年岁。”不但在思想内容上，而且在形式上，也取得了很大的成就，建安文人能够根据内容选择适当或者创新的形式，令内容和形式完美地结合起来，形成了“建安风骨”的艺术特色。

除了特殊的社会状况为建安文学的发展提供了大背景之外，曹氏父子的努力也发挥了积极的作用。曹操父子很尊重文人，非常善于笼络优秀文人，像邺下集团的许多文人都得到了曹操父子的青睐，乃至封爵列位，知遇之恩甚隆。据史料载，在曹氏父子的庇护下，建安诸子过的是“并怜风月,狎池苑。述恩荣，叙酣宴”的上层社会生活。同时，曹氏父子还是建安文坛的卓越领导者，和建安文人有着融洽的关系，他们本身又都是出色的文学家，对建安文学的兴盛发展有着不可磨灭的功绩，尤其是曹植，更被称为“建安之杰”。

二、曹植的家世

（一）父亲曹操

东汉末年至三国时期，可以说是一个乱世纷争、英雄辈出的时期。一时间涌现了很多杰出人物。曹植的父亲曹操作为著名的军事家、政治家和文学家，是其中的佼佼者。

曹操（155—220），字孟德，沛国谯（今安徽亳县）人。祖父曹腾是个宦官，顺帝时被提升为中常侍，权力很大。

汉桓帝时封费亭侯。他在宫中三十多年，曾先后服侍过顺、冲、质、桓四代皇帝。父亲曹嵩，本姓夏侯氏，被曹腾收为养子。曹嵩曾任司隶校尉、大司农、大鸿胪等官职，后又花钱买了太尉的官职。

曹操自小就很机警，善于随机应变。生活上放荡不羁，经常练武打猎。曹操对读书也颇为爱好，尤其是军事著作，这为他后来成为杰出的军事家和文学家打下了坚实的基础。当时有两个人对曹操给予了很高的评价，名臣桥玄预言曹操："天下将乱，非命世之才不能济也。

能安之者，其在君（曹操）乎！”另一个评价来自名士许劭，他说曹操是“治世之能臣，乱世之奸雄”。

从曹操出生开始，即东汉桓帝永寿元年（155年），东汉王朝就已经趋于瓦解，社会剧烈动荡，政治非常腐败。

东汉在选拔人才上有一条政策：每年可以从郡国二十万人中推举一名“孝廉”到中央政府为官。“孝”就是对父母孝顺，“廉”就是品行正直。熹平三年（174年），20岁的曹操被推举为“孝廉”，担任郎（皇帝的近卫、侍从一类官职）的官职，不久又被提升为洛阳北部都尉，主管京城的治安。任职期间，执法严明，很有魄力，他的原则是“有犯禁者，不避豪强，皆棒杀之”，京城秩序迅速好转。中平元年（184年），规模浩大的黄巾起义爆发。东汉统治集团非常恐慌，调集大量军队镇压。当时正担任骑都尉的曹操也参与其中，对黄巾军进行了攻打，后被破格

提拔为济南相。这期间，他着手整顿腐败的吏治，惩治贪官，取得了很大的成效。公元187年，曹操又被任命为东郡太守。189年，汉灵帝病死，14岁的太子刘辩即位，即汉少帝。外戚何进辅政，被宦官杀死。董卓攻入洛阳,废掉了少帝，立9岁的刘协为帝，即汉献帝。从此董卓执掌大权，横行朝廷。他的暴行激起了各阶层人士的不满。190年，袁绍为盟主，联合各路英雄起兵讨伐董卓，曹操也是参与者之一，被任命为奋武将军。结果董卓大败而逃。从此以后，各路军阀又开始连年混战，争夺地盘，曹操也开始着力发展自己的武装力量。初平三年（192年），曹操大败青州黄巾军，得到了投降的士卒约三十万人，他挑选精锐，组成自己的“青州兵”，实力大增。又经过了十几年的艰苦转战，曹操凭借自己的军事和政治才能，逐渐在军阀混战中成为强者之一。建安元年（196年），他迎接汉献帝到许都，开始“挟天子以令诸侯”，在政治上取得了绝对的优势。200年的官渡之战，曹操以少胜多，打败了自己在北方的最大对手袁绍，从而成为北方中原地区的统治者。与此同时，江东的孙权也在相继消灭了刘繇、黄祖等割据的军阀后，势力迅速壮大起来。过去曾投靠过曹操的刘备，得到诸葛亮的忠心辅佐，制定了占据荆州和益州进而志在统一全国的宏伟计划，逐渐发展成为西南方独立的武装力量。208年，曹

操为统一全国，南下攻打孙权，遭到了孙权和刘备的联合抵抗。赤壁之战中，曹操大败逃回北方。孙权在江东的统治进一步巩固，他以建业（今江苏南京）为中心，发展成后来的吴国。刘备取得了荆州的武陵、零陵、桂阳和长沙四郡，随着进一步占据益州，发展成为后来的蜀国。曹操一方则发展成为后来的魏国。可以说，赤壁之战后，中国形成了魏蜀吴三国鼎立的局面。曹操的精力开始集

中于巩固北方的统治，发展经济和军事实力，为统一全国做准备。

曹操不仅是著名的军事家、政治家，同时还是取得了卓越成就的文学家。《魏书》记载他："登高必赋，及造新诗，被之管弦，皆成乐章。"曹操一生可谓是生于乱世，戎马生涯。他的创作也多是反映国家分裂给人民带来的苦难，以及他立志结束这种分裂局面，争取国家统一的宏图大志。他的作品保存下来的有乐府诗二十多首，完整的散文四十多篇。

他的五言诗《蒿里行》《苦寒行》《却东西门行》《薤露行》等都是流传至今的名篇。曹操在诗歌形式上，不拘一格，创造出新的自由的体裁。他的散文，一般都文字简短，善于用质朴的语言抒发胸怀。

在曹操的推动下，建安文学创作出现了繁荣的局面。他的创作对建安文学也同样产生了很大的影响。鲁迅曾称赞曹操是“改革文章的祖师”，由此可以印证曹操在文学上的卓越成绩。

曹植正是在这样一位英雄父亲的熏陶和教育下成长起来的。

（二）兄长曹丕

曹丕（187—226），字子桓，沛国谯县（今安徽省亳县）人，三国时期魏国的建立者，当时著名的文学家，性格善谋多诈。父曹操，母卞夫人。他是曹操之妻卞氏所生长子。根据史书记载，曹丕文武双全，善于骑马射箭，喜欢击剑，在文才方面，8 岁便能提笔为文，博览古往今来的经典注释，融会贯通诸子百家的学说。建安十六年为五官中郎将及副丞相。建安二十二年，曹丕在立世子之争中战胜了弟弟曹植，被立为魏王世子。延康元年（220 年），曹操死，曹丕继位为丞相兼魏王，是年十月，曹丕逼迫汉献帝刘协禅位，改国号为魏，年号黄初，自立为皇帝，为魏国的开国之君，

也是三国中第一个称帝的君王，其还将都城由许昌（原许县）迁至洛阳。黄初七年（226年）夏五月十六丙辰日，曹丕因急症病危，传唤曹叡并立为太子，同时召来曹真、曹休、司马懿、陈群等众臣托付后事，五月十七丁巳日逝世，时年四十岁。六月初九戊寅日葬首阳陵。庙号高祖，曹丕死后谥曰“文皇帝”。

曹丕在位时间只有短短七年，但是也作出了一定的贡献，对后世产生了深远影响。第一，曹丕采纳大臣陈群等的意

见，建立九品中正制，调节了曹家与士族阶层之间的矛盾，获得了士族的支持，但也开辟了魏晋南北朝时期的氏族门阀制度，使得大权被士族垄断，为魏国灭亡埋下了祸根；第二，巩固了中央集权，限制了外戚权力，削夺藩王权力，建立防辅制度，强化中书省，发展校事官制度；第三，重视文教。221 年，下令人口达十万的郡国每年察举孝廉一人。同年又重修孔庙，封孔子后人为宗圣侯。224 年恢复太学，设立春秋谷梁博士；第四，发展屯田制，施行谷帛易市，稳定社会秩序。黄初末，魏国国库充实，累积巨万，基本解决了战争造成的通货膨胀问题。

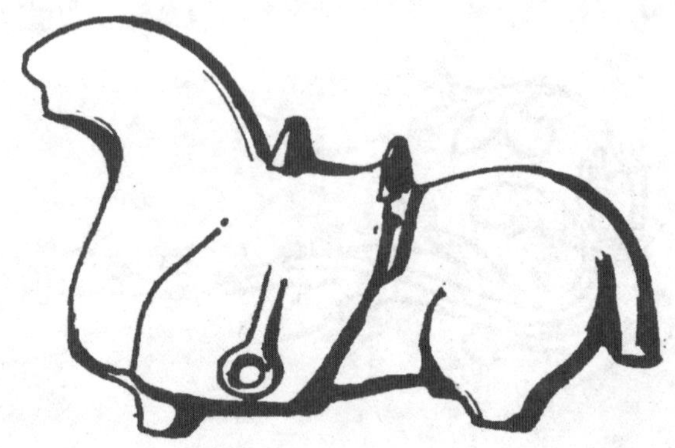

曹丕博学多识，爱好文学，在文学创作和理论批评上都有成就。诗作以五言诗和七言诗成就最高，诗的题材主要围绕游子和思妇，五言诗以《杂诗二首》为代表。另外还有记述民生疾苦和军旅生活的诗歌：如《至广陵于马上作》《黎阳作》等，虽不比曹操的诗慷慨悲凉，气势也颇为雄厚。早期优秀的七言诗中，以《燕歌行》为最优，其真正摆脱了楚歌形式的羁绊，使诗歌创作的七言形式宣告成立。曹丕的诗中，乐府诗与古诗各占一半，诗歌风格细腻婉约，不像其父曹操诗歌时露沉雄苍茫之气。在文学批评史上曹丕的散文起了开风气的作用。

他的散文典雅清峻、文气贯通，他所著《典论》是我国第一篇文学批评的专门论文，提出“文以气为主”的见解，对诗、赋等几种主要文体作了初步分析，并将“文章”视为“经国之大业，不朽之盛事”，更对重视文章的风尚，起到了推波助澜的作用。此外，他的《与吴质书》在书信这种实用文体的基础上加入了很多抒情成分，

开创了魏晋南北朝时期文人书信讲求文辞精美、注重文学色彩的风气。

曹丕写过不少诗歌，流传到今天的较完整的约有40首。曹丕著作，《隋书·经籍志》著录有集23卷，又有《典论》5卷，《列异传》3卷等，皆已散失。明代张溥辑有《魏文帝集》，收入《汉魏六朝百三家集》中。有关曹丕作品的注释本，有黄节《魏文帝魏武帝诗注》（1925年版），人民文学出版社1958年校正重排，改称《魏武帝魏文帝诗注》。

魏晋以来，评论界对曹丕诗歌创作的评价普遍不高，其在中国文坛的地位不及其弟曹植和父曹操，曹丕诗歌的最

大价值在于他人性化的、情感充溢的抒情性韵味，刚柔并济的风格和多工语又不失自然音韵的语言特色。

陈寿在《三国志·魏书·文帝纪》中评曰："文帝天资文藻，下笔成章，博闻强识，才艺兼该；若加之旷大之度，励以公平之诚，迈志存道，克广德心，则古之贤主，何远之有哉！"

三、起伏人生

“才高八斗”的曹植在生活道路上并不是一帆风顺的，他的一生以父亲曹操之死为界限，分为前后两个时期。父亲在世时他曾是备受宠爱的贵族公子，甚至一度有可能被立为世子。父亲去世后，他因与兄长有争立世子的经历，备受政治迫害，生活悲惨，壮志难酬，抑郁而终。

（一）魏国公子

曹植出生的时期，正处于中国历史上最混乱的时期，地方割据势力突起，军阀混战日益剧烈。作为关东群雄之一的曹操，最初实力有限，因助剿黄巾军有功，又加之袁绍的支持，得任东郡太守，但实际上并无稳固的根据地。192 年曹操击败青州黄巾军，得到降卒三十万人，他从中选拔精锐，组成自己的“青州军”

势力逐渐壮大起来。200年，凭借官渡一战，曹操消灭了他最大的对手袁绍，建立了邺城根据地，挟天子以令诸侯，成为北方实际的统治者，而且也完成了中国北方的大体统一。曹操的妻子儿女在这段时期一直随军行动，曹植自幼就同兄弟们一道“生乎乱，长乎军”，接受着战争生活的锻炼。曹操打败袁绍之后，攻克袁氏父子盘踞多年的邺城，把自己的大本营安居在那里。曹植开始了他真正的贵公子生活，其时是建安九年（204年），曹植13岁。他的家庭不但有浓郁的政治气氛，同时还颇具文学气氛。曹操身边不但聚集了大批文臣武将，还有大批文人骚客。在这种环境下，曹植的文学素养发展得很快，他“十岁余，诵读诗论及辞赋数十万言”,并且“善属文”。定居邺城后，他在与一些著名文士的切磋琢磨中，文学才能更加成熟，才名也更快地传播开来，人们给他起了个诨号

叫做“绣虎”，意即全身都是文采的百兽之王。对于他的文才，开始曹操还有点不信，以为是求人代作，曾经问过曹植：“汝倩人邪？”意思是你请别人帮助了吗？他回答说：“言出为论，下笔成章，顾当面试，奈何倩人？”曹植请求父亲可以当面测试。之后父亲又对曹植进行了一次考试。曹操在铜雀台落成之际，把几个儿子都召集到台上，命各自做一篇赋，结果曹植第一个完成，而且文才最高，竟然使得一代文豪的曹操也不能不深为赞叹。

曹植在 29 岁以前，除了随父出征，

其他大部分时间过的皆为贵族公子生活，大部分精力放在文学活动上。邺城的政治地位十分重要，而这里的文学空气也很浓厚。在曹操本人的率领和支持下，在他幕中任职的一些文人学士，公事之余从事文学创作活动，组成了一个邺下文人集团。曹操因公务缠身，日理万机，这个文人集团的领袖由“以副君之重,妙善辞赋”的曹丕和“以公子之豪，下笔琳琅”的曹植两人担任。邺下文人集团的基本活动方式就是宴饮娱乐、诗

赋唱和，热闹非凡，其情形正如曹植在《娱宾赋》中所写：“遂衎宾而高会兮，丹帏晔以四张。办中厨之丰膳兮，作齐郑之妍倡。文人骋其妙说兮，飞轻翰而成章。谈在昔之清风兮，总贤圣之纪纲……听仁风以忘忧兮，美酒清而肴甘。”这场面是够热闹的了。又如他的《公宴诗》：“公子敬爱客，终宴不知疲。清夜游西园，飞盖相追随……”也是对这段热闹浪漫生活的写照。

曹植虽然是贵族公子，但是在和文人的交往中却没有一般纨绔子弟傲慢无礼、盛气凌人的习气。《三国志》中记载：

“（曹植）性简易，不治威仪，舆马服饰，不尚华丽。”曹植平时的为人也确实如此。曹植与文士邯郸淳初次见面即坦诚相待、无所不谈的故事，历来是文坛的佳话。尤其是他对待朋友的真挚热情和爱护备至很是难能可贵，因此，曹植获得当时文人的欢心和好感是理所当然的。

这个时期曹植也有跟随父亲出征的经历。一方面是曹操要对爱子进行历练，另一方面也是曹植有要建功立业的雄心壮志。正是有了这些出征的经历，使得曹植有了更深刻地接触社会、了解人民的机会。这些从以下诗作中我们就可以略知一二。

《泰山梁甫行》约作于建安十二年曹军北征三郡乌桓途中，曹植随军到了北方滨海地带，那里的风土和边地人民的贫苦生活给他留下了深刻的印象：

“八方各异气，千里殊风雨。剧哉边海民，寄身于草墅。妻子象禽兽，行止

依林阻。柴门何萧条，狐兔翔我宇。”

诗里明显流露了对“边海民”的关切和同情，这是颇为可贵的情操。

《门有万里客行》，则描写了一位流落他乡者的痛苦心情，他“本是朔方士，今为吴越民”，而现在不得不“去去适西秦”。诗中没有明写此人为什么会成为“吴越民”，又为什么要去“适西秦”，但从他“挽裳对我泣，太息前自陈”的表情看，一定是遭遇到了某种无法抗拒的重大不幸。

通过以上诗作，我们可以发现曹植是不同于普通的纨绔子弟和无聊文人的。

（二）世子之争

关于世子之争，必须从曹操说起。曹丕之前，曹操本有长子，就是曹昂，字子修，其生母为刘夫人。但是，在建安二年征讨张绣的战役中，曹昂为掩护曹操而战死。之后，曹操又想传位给环夫人所生的曹冲（字仓舒），因为曹冲自幼聪明过人，可惜此子13岁时病夭，曹

操只好在诸子中选择继承人。当时曹丕最年长，按照封建时代“立嫡以长”的传统，最有可能被立为世子。但曹操强调“唯才是举”，他为曹植的过人才华所打动，有立他为嗣的念头。而曹丕凭借长子的优越地位，同样是世子的人选之一。曹操为了从长计议，打算对自己的儿子进行一番观察和考验。就这样，从建安十三年开始，曹丕和曹植兄弟间的矛盾逐渐尖锐起来，酿成了一场长期的、复杂的斗争。

围绕着曹植和曹丕两人的世子之争，魏王朝形成了拥植派和拥丕派两个小的政治团体。拥植派推立曹植为世子的理由在《三国志》注引《文士传》中有所记

载:“临淄侯(曹植)天性仁孝，发于自然，而聪明智达，其殆庶几。至于博学渊识，文章绝伦。当今天下之贤才君子，不问少长，皆愿从其游而为之死，实天所以钟福于大魏，而永受无穷之祚也。”曹操出于爱才之心也的确在很多场合暗示过欲立曹植为世子，但是曹植本人并没有经受住考验，他生性任意洒脱，才子气太重，缺乏自制能力，在政治上不是很成熟。陈寿说他“任性而行，不自雕励，饮酒不节”的行为，就是一个明证。在他的过失中，有一件使曹操很恼

怒。事情大约发生在建安二十一二年间，曹操有事外出，留在邺城的曹植喝醉了酒，就私自坐着王室的马车，打开王宫的正门司马门，在只有帝王本人在举行典礼时才行走的“驰道”上纵情驰骋游乐了一番，一直走到金门。在当时，这件事是严重违犯法制的行为，曹操为此处死了掌管王室车马的公车令，同时就此发布了几道命令。其中有一篇令文是直接针对曹植的，令中说：“始者谓子建，儿中最可定大事”，“自临淄侯私开司马门至金门，令吾异目视此儿矣。”这里明确地表示了曹操对曹植的极端失望。这是曹植由擅宠到失宠的转折点，也决定了他在立世子之争中的失败。有史书记载说此事是曹丕陷害曹植，但无论如何，这都说明了曹植在政治上的不成熟。

曹丕也把曹植看做争夺地位的劲敌，为了继承王位，他挖空心思，拉帮结伙，活动频繁。同曹植的“任性而行，不自雕励”相反，他是“御之以术，矫情自饰”。“矫情自饰”的典型例子就是“送行路哭”事。史料记载 :“魏王尝出征，世子（曹丕）及临淄侯植（曹植）并

送路侧。植称述功德，发言有备左右属目，王亦说语。世子怅然自失，吴质耳曰：‘王当行，流涕可也。’及辞，世子泣而拜，王及左右咸歔欷，于是皆以植辞多华，而诚心不及也。”原来每次曹操离开邺城时，百官及诸子都去城外送行。此时，曹植都要即席发表一通称颂父亲功德的言辞。凭着他的文思和口才，他总是成为在场众人瞩目的中心。面对这种处于下风的局面，曹丕只能怅然若失。后来他的心腹吴质为他想出了对策，即在这种场合不同曹植较量口才，而是伏地痛哭。这一方法果然有效，曹操及众人都

觉得，曹植虽然才思超于曹丕，但是诚心却比不上曹丕。曹丕还笼络了一批“耆年硕德”的大臣，如贾诩、崔琰、毛玠等为自己说好话。甚至他竟然还用手段获得了曹操宠妃王昭仪的帮助。

建安二十二年十月，曹丕在这场持续将近十年的世子之争中取得了最终的胜利，被立为魏世子。这场争斗的结果直接决定了曹植日后悲惨坎坷的人生。

（三）特殊囚徒

曹丕顺利地继位为魏王、丞相，在延康元年（220 年）的十月末，通过禅

让的方式把汉献帝撵下皇位，自己登上帝位。他执掌朝纲后，对兄弟们极为苛刻，以分封为借口，把大家流放到了外地，并且同时派去“监国使者”监视这些王侯们的一举一动。这些名义上高贵的王侯，实际上没有同等的权利，重重的禁令使他们连人身自由也没有保障。

在这种政治高压下，同曹丕有过世子之争的曹植，处境最为艰难，他成了一个备受迫害的罪人。首先，曹丕用尽手段消灭了曹植的羽翼，找借口把丁仪、丁廙及其家中男丁全部杀光。曹植眼看着自己的友人遇难，却无能为力，心中万分悲痛。他写了一篇《野田黄雀行》，诗中把丁氏兄弟比作罗网中的黄雀，说自己“利剑不在掌”，只能忍看朋辈遭遇灾祸。第二，禁锢终生。上文我们说过，曹丕在每个王侯的封地都安插监国使者。曹植在封地，一言一行都有人监督指点，大事小情都需要请示京师，名为王侯，实同囚犯。如曹操死后半年，曹植想在封地祭奠，当即上呈《请祭先王表》，并“乞请水瓜五枚、白柰二十枚”作祭品，结果遭到曹丕的严词拒绝，答复是“庶子不得祭宗庙”。曹植在封地孤居独处，没有一个志同道合的人，痛感自己已成

为生无益于时、死无损于数的“圈牢之养物”，失掉了做人的一切欢趣和意义。第三，诬告不断，迁徙频繁。黄初二年，被曹丕安插在曹植身边的监国使者上疏奏曹植“醉酒悖慢，劫胁使者”，曹丕立即把曹植召至洛阳，交百官讨论治罪方案。官员们仰曹丕之旨，认为曹植罪行严重，有的主张免为庶人，有的主张处以死刑。最终有赖于曹植生母卞氏从中维护，曹丕不好下毒手，只得下诏说:“植朕之同母弟，朕于天下无所不容，而况植乎! 骨肉之亲，舍而不诛，其改封植。”结果曹植幸免于死，被贬了爵位，由县

侯的临淄侯降为乡侯的安乡侯，而且削减了许多食户，由原先的万户减为约千户上下。这样的诬告接二连三，在黄初二年（221年）秋冬间，曹植已经由安乡侯改封为鄄城侯。在鄄城，他被东郡太守王机、防辅吏仓辑诬告，又被治罪，被迁回邺城旧居，闭门思过。这次的治罪时间不常，不久就又返回鄄城，对此，曹植曾经在一篇表文中说是“虽免大诛，得归本国”。曹丕出于打击之心以及奸臣诬告，多次将曹植迁徙，曹植在他的《迁都赋序》中说道：“余初封平原，转出临淄，中命鄄城，遂徙雍丘，改邑浚仪，而末将适于东阿。号则六易，居实三迁。连遇瘠土，衣食不继。”这些话是他悲惨生活的写照。这种物质和精神上的打击使曹植诚惶诚恐，处处小心，他那“任性而行，不自雕励”的习性改了许多，而且还曾向曹丕上《责躬诗》，自责有罪，得到了曹丕的嘉许。黄初六年末，曹丕东征引军还，经

过雍丘，对曹植又加赏赐，增邑五千户，并前三千。直到次年五月曹丕病死，他一直在雍丘。

总的来说，曹丕在位的六年间，曹植一直在艰难窘迫中讨生活，诚如后来袁淑所说的，他是身为王侯，却“思为布衣而不能得”。

（四）报国无门

黄初七年五月曹丕病死，他的长子曹叡继位，即魏明帝。次年改元太和。曹丕一死，曹植立即写了一篇诔文为曹丕“颂德咏功”，称赞他“如冰之洁”“心镜万机，揽照下情”等等，词旨哀切。不过对曹植来说，曹丕之死意味着政治迫害的减轻，他认为自己可怜的处境将要改变了。事实上，曹叡登基后，确也对曹植有过某些优待的表示，如把曹丕生前用过的衣被十三种赐给曹植，太和三年（229 年），又将他从贫瘠的雍丘改迁到东阿，这是曹植首次被徙封到丰饶之地，他的物质生活因此有所改善。

物质和名位上的优待并没有给曹植带来实际政治地位的改变，他仍然被禁锢在封地上，不能参与朝政。曹植多次向魏明帝上书陈情，请求为国家效力，其中著名的有《求自试表》《求通亲亲表》《陈审举表》《谏取诸国土息表》等，此外还有《与司马仲达书》《谏伐辽东

表》等，这些表文有的是恳求曹叡的任用，有的是为国家政事献计，但都未得到理睬。曹叡和曹丕一样，对曹植在政治上是怀着防备之心的。

太和二年发生的一件事，使曹叡的戒心更加重了。这年春天，蜀国丞相诸葛亮率军攻打祁山，魏国军情紧急，曹叡亲临长安监督军队御敌。此时一个消息忽然传到首都洛阳，说曹叡已经死在长安，从驾的群臣要迎立雍丘王曹植来继承大位。一时间，洛阳城里从卞太后直到公卿大臣都很慌乱。之后曹叡却平安回到洛阳，大臣们都惴惴不安，唯恐曹叡怪罪。曹叡并未追查谣言的出处，但对曹植的疑心却加深了一层。

曹植怀有满腔热情，想要为国家建功立业，但苦于报国无门。曹植一脉人丁不旺，除曹志外，其他一子二女都已经夭折，他晚年的生活用他在《求通亲亲表》中的话说是“块然独处，左右唯仆隶，所对唯妻子，高谈无所与陈，发义无所与展”。最后，这位“建安之杰”终因抑郁寡欢，含恨而死，时年41岁。曹植死后，谥号为“思”，又因被封为陈王，所以后人多称他为“陈思王”。据记载他被安葬在东阿鱼山，“山上有台二，曰柳书，曰羊茂，皆传为子建读书处”。

纵观曹植短暂的一生，可谓是起伏不定。以曹操去世为界限，他前后的经历有着天壤之别。曹操在世时，他是位翩翩贵公子，风流倜傥，光彩照人，一呼百应。曹操去世后，曹丕登位，他则一度过上了辗转流离，衣食不保，甚至无人身自由的悲惨生活。陈寿在《三国志》中说：“陈思文才富艳，足能自通后叶，然不能克让防远，终致携隙。”但是，正是这种起伏、悲惨的人生经历让曹植在文学上的成就大放异彩，为我们留下了很多珍贵的文章！

四、建安之杰

曹植是建安时期最负盛名的作家，钟嵘在《诗品》中称他为“建安之杰”。曹植是一个伟大的诗人，他为我们留下了很多文学价值极高的作品，他的诗歌无论在思想内容、艺术形式，还是在艺术风格上都取得了很大的成绩。

（一）内容丰富

曹植的诗多取材于宴游，反映贵族

阶层的生活情趣。文学创作来源于生活，这是规律。我们知道，曹植一生以曹丕称帝为界限，分为前后两个迥异的生活状态。前期,他过着贵族公子的安闲生活，因为才华横溢备受父亲曹操的宠爱，几乎要被立为世子，前途一片美好。作为邺下文人集团的领袖人物，他和兄长曹丕大多数时间都与这些文人为伴，宴饮娱乐，诗酒唱和。曹植此时的诗篇多是取材于此，热情歌颂这美好的生活，如《斗鸡》《箜篌引》《公宴》《芙蓉池》《侍

太子坐》等，皆谢灵运所谓“但美遨游，不及世事”，内容空虚浮泛，但在诗歌写作上却有值得借鉴之处。我们试取《斗鸡》一篇，足以显示这类作品的共同特色：

游目极妙伎，清听厌宫商。
主人寂无为，众宾进乐方。
长筵坐戏客，斗鸡间观房。
群雄正翕赫，双翘自飞扬。
挥羽激清风，悍目发朱光。
觜落轻毛散，严距往往伤。
长鸣入青云，扇翼独翱翔。
愿蒙狸膏助，常得擅此场。

这首诗反映了贵族阶层以斗鸡取乐、消磨时光的无聊生活，内容比较空泛，

但是诗中对斗鸡的神态和动作描写极为生动逼真，给人留下了深刻的印象。

此外，曹植还有一些抒发壮志的诗篇，例如他的《白马篇》写“幽并游侠儿”的高强武艺和报国立功的壮志，以“弃身锋刃端，性命安可怀。父母且不顾，何言子与妻。名编壮士籍，不得中顾私”等句作结，表现了建功立业的抱负。诗风雄健刚劲，是历来传诵的名篇。

曹植的诗反映了动乱的社会现实和人民疾苦。曹植“生乎乱、长乎军”，所以有很多诗篇对这种生活经历进行了描述，这也是他诗歌中的精华部分。谢灵运曾经指出曹植的诗“颇有忧生之嗟”。

著名的有《泰山梁甫行》《送应氏》等。曹植的《送应氏》二首是建安十六年他20岁时随曹操西征路过洛阳时留下的名篇：

步登北邙阪，遥望洛阳山。
洛阳何寂寞，宫室尽烧焚。
垣墙皆顿擗，荆棘上参天。
不见旧耆老，但睹新少年。
侧足无行径，荒畴不复田。
游子久不归，不识陌与阡。
中野何萧条，千里无人烟。
念我平常居，气结不能言。

诗中除叙述友情外，着重写了东汉

皇都洛阳在战乱以后“垣墙皆顿擗，荆棘上参天”的残破荒凉景象以及诗人内心的激动，反映了汉末军阀混战所造成的社会大破坏，具有较强的现实意义。诗中写道“中野何萧条，千里无人烟”，同曹操的“白骨露于野，千里无鸡鸣”（《蒿里行》）、王粲的“出门无所见，白骨蔽平原”（《七哀诗》之一）等描写相一致。曾经繁华的京都洛阳在被董卓火焚、人民惨遭屠杀二十多年后依然遍地废墟、满目疮痍。这和《三国志》中记载董卓纵兵焚毁洛阳的史实是相符的。

曹植描写边远地区人民极端贫困的《泰山梁甫行》，同样是建安诗歌中不可

多得的珍品，诗中描写了滨海地区人民的困苦生活，“剧哉边海民，寄身于草墅。妻子像禽兽，行止依林阻。柴门何萧条，狐兔翔我宇”，反映了汉末以来军阀混战给劳动群众带来的深重灾难，读来让人倍感悲伤凄凉。从这些朴素而真实的描写中，可以体味到诗人对下层百姓所怀有的同情之心。

曹植的诗还反映了被压迫人民的愤慨和哀怨。建安二十五年，曹丕即位称帝，同曹植有争立世子的前嫌，所以对曹植极尽打击迫害。面对坎坷的生活和不公

平的待遇，曹植将满腔的情怀都抒发在了文字上，代表作有《野田黄雀行》《赠白马王彪》等。

《野田黄雀行》大约作于曹丕继位之初，诗中以黄雀遇上鹞鹰、下逢罗网，比喻他的好友丁仪、丁廙为曹丕所杀：

高树多悲风，海水扬其波。
利剑不在掌，结友何须多?
不见篱间雀，见鹞自投罗。
罗家得雀喜，少年见雀悲。
拔剑捎罗网，黄雀得飞飞。
飞飞摩苍天，来下谢少年。

建安二十四年，曹操借故杀了曹植亲信杨修，次年曹丕继位，又杀了曹植挚友丁氏兄弟。曹植身处动辄得咎的逆境，无力救助友人，深感愤愤，内心十分痛苦，只能写诗寄意。他苦于手中无权柄，故而在诗中塑造了一位“拔剑捎罗网”、拯救无辜者的少年侠士，借以表达自己的心曲。此诗开端，诗人以“高树多悲风，海水扬其波”的意象渲染出浓郁的悲剧气氛，隐喻当时政治形势的险恶；而少年拔剑捎网的形象则寄寓着诗人冲破罗网、一试身手的热切愿望。此诗意象高古，语言警策，急于有为的壮烈情怀跃然纸上。

《赠白马王彪》是曹植的一篇力作。该诗作于黄初四年，当时诗人同白马王

曹彪、任城王曹彰一起进京朝见曹丕。任城王在京城里不明不白地死了。曹植和曹彪在返藩的路上又受到监国使者的限制，不许同住同宿，被迫分道而行。曹植在极度的悲愤中写了这首诗送给曹彪。全诗共分七章。在这首诗中，诗人以沉郁的笔调抒写了自己与任城王曹彰的死别之悲，与白马王曹彪的生离之痛，在这巨大的悲痛中又渗透着诗人对自己命运的幻灭之感，哭泣伤己，悲情四溢。而这四溢的悲情正造成了此诗独特的艺术魅力。诗中愤怒地斥责监国使者是“鸱

枭”“豺狼”“苍蝇”，实际上是把矛头指向了曹丕。诗中安慰曹彪不要过于悲伤，“丈夫志四海，万里犹比邻，恩爱苟不亏，在远分日亲”。整篇作品既表现了深沉的悲痛，又不流于悲伤绝望，写得情真意切，感人至深。

最后，曹植的诗中还有着不甘被弃置，期望建功立业的理想和希望。曹丕死后，其长子曹叡继位。曹植又对自己的政治前途重新充满了希望，他多次毛遂自荐，但都没有得到曹叡的理睬，曹植心里交织着希冀和苦闷。这些情绪在《七哀诗》《怨歌行》《杂诗》中都有体现。

《七哀诗》以夫妇比君臣的手法，诉说自己被长时间弃置勿用的愁思：

明月照高楼，流光正徘徊。
上有愁思妇，悲叹有余哀。
借问叹者谁？云是宕子妻。
君行逾十年，孤妾常独栖。
君若清路尘，妾若浊水泥。
浮沉各异势，会合何时谐？
愿为西南风，长逝入君怀。
君怀良不开，贱妾当何依？

在这首诗中，曹植自比为倚楼远望的思妇，在月光下饱含着无尽的哀愁：

丈夫远行数年，还没有回来，夫妻本来像尘和泥那般同为一体，如今丈夫却像路上的轻尘，自己则成了水中的浊泥。轻尘浮空飞扬，浊泥却深沉水底，一浮一沉地位迥然不同，什么时候才能重归于好？曹植于此自比“浊水泥”的弃妇，那么“清路尘”指的自然是曹丕和曹叡了。曹丕继位后不再顾念手足之情，疏远甚至防范着自己的亲弟弟。曹叡称王时，曹植多次上表上书自试，终究无法获得任用。所以曹植用浊泥和清尘的远离及相互映照，衬托出和兄长侄子形势两异的遥远距离。

《杂诗》六首，非一时一地之作。除第一、六首(“高台多悲风”“飞观百余尺”)

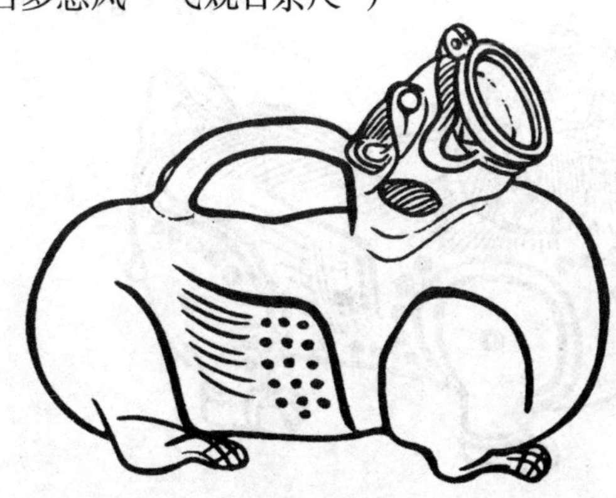

外，其余四首大抵是后期作品。其中第二、三、四首，内容与《七哀诗》相类，多抒写时光流逝而自己无所作为的悲哀。第五首（“仆夫早严驾”）则跳出了感叹个人命运的圈子，把注意力转向国家大事，对当时政治形势表示关切，并发出了“愿欲一轻济，惜哉无方舟，闲居非吾志，甘心赴国忧”的呼声，显示了身处逆境而意志不衰的精神状态：

仆夫早严驾，吾行将远游。
远游欲何之，吴国为我仇。
将骋万里涂，东路安足由。
江介多悲风，淮泗驰急流。
愿欲一轻济，惜哉无方舟。
闲居非吾志，甘心赴国忧。

从这首诗中，我们依然能体会到曹植那欲要有所作为的政治豪情。

（二）成就斐然

曹植的诗继承了汉乐府的优良传统。现在保存下来的曹植的比较完整的诗歌有八十余首，其中乐府诗体的诗占了一半多。这说明诗人与他的父亲曹操、兄长曹丕一样，也很重视从汉乐府民歌中汲取创作精华。如在《美女篇》中对美女的大段精彩丰富的描写，就是借鉴了汉乐府古辞《陌上桑》对罗敷的描写；《白

马篇》中“借问谁家子？幽并游侠儿”，《七哀诗》中“借问叹者谁？云是宕子妻”等，就是学习乐府民歌中常用的自问自答手法；《五游咏》“披我丹霞衣，袭我素霓裳……带我琼瑶佩，漱我沆瀣浆”，《野田黄雀行》“黄雀得飞飞，飞飞摩苍天”等，也都是源自于乐府民歌的手法。《赠白马王彪》大部分章间的首尾转换，也都使用了乐府民歌常用的连章衔接句式。他极善于运用民歌传统的比兴手法，曹植的有些诗句还直接从乐府诗中化出。由于着意吸取了汉乐府民歌的滋养，曹植诗歌具有明朗、和谐、清新等特色。

曹植在诗歌艺术上有很多创新和发展。特别是在五言诗的创作上贡献尤大。

首先，其凭借五言诗的至高造诣，极大地推动了诗歌的发展。曹植或沿用乐府旧题进行创作（如曹操等人），或只用旧题而不用旧曲，或完全创新，以作品中的文字来命名，如《白马篇》《美女篇》《名都篇》等等。自命诗名，彻底改变了乐曲第一、文学第二的乐府传统，使诗与歌彻底分离，极大地推动了文人诗歌的进一步发展。而其只用乐府旧题不用乐府旧曲的做法同样有着重大的意义，这为乐府诗歌从一种具有汉代特色的文

学样式，变为超越汉代的时代局限性的通代文学样式，作出了重大的贡献。这为乐府诗在魏晋以后的生存和发展，奠定了坚实的基础。这种做法不仅使俗文学向雅文学转化，也使得文人在创作中具有了更大的自由度。

其次，曹植在诗歌语言的提炼和修饰上,是远胜于汉乐府古辞及《古诗》的。例如他的《美女篇》，其描写手法比《陌上桑》更加细致，辞藻更加华丽。即使是他的游仙诗，也比汉乐府中的同类作品写得圆熟，二者相比，工拙不同，是相当显著的。由于刻意提炼的结果，曹植诗中有不少精彩的警句，如“瓜田不

纳履，李下不整冠”“捐躯赴国难，视死忽如归”“生存华屋处,零落归山丘”等。曹植的五言诗还颇留意于文句的整饬和音韵的和谐。如《公宴诗》中“秋兰被长坂，朱华冒绿池。潜鱼跃清波，好鸟鸣高枝”等句，即已形成初步的对偶句了，有些诗句在音韵上也大致具有平仄相对的形式。

再次，彰显了从叙事到抒情的个性追求。汉乐府民歌乃“饥者歌其食，劳者歌其事”之作，叙事倾向鲜明。《古诗十九首》虽重在抒情，但其抒发的是一代中下层知识分子中普遍的哀伤，个性

化的特征并不鲜明。曹植则开始用诗歌表现非常鲜明的个人情感，表现自我心灵的苦闷、寂寞、哀伤、理想、渴望等等。因为他表现的是自我真实的心灵感受，所以其情感个性特征非常强，给人以耳目一新的感受。

（三）风格独特

曹植一生对政治事业都抱有极大的热情，对此非常执著、自信、重力行、重奋进。曹植因为自幼聪明，饱读诗书，所以备受曹操宠爱，曹操一度认为曹植是“儿中最可定大事”的人。因此曹植此时生活意气风发、恣意任为、豪情满怀。他的诗歌在追求建功立业的人生理想、人生态度上洋溢着乐观向上、积极进取浪漫情调，有一股雄奇之美。也就是人们常说的“骨气奇高”的阳刚之美。曹植的笔下曾多次出现传奇式的英雄少年形象：英俊潇洒、伟岸气魄、武艺高强、保国安邦。如《白马篇》中的游侠儿，他少小离家，名声远扬，勇猛无敌。其实这个游侠儿的形象是诗人理想的寄托，明显地表达了作者对建功立业的向往和英雄事业的追求。

曹操死后，曹植命运开始发生逆转。政治上屡屡遭到打击，此后创作的诗歌

语调中难免透露出一股悲凉哀伤的意味，“仆夫早严驾，吾行将远游。远游欲何之？吴国为我仇。……闲居非吾志，甘心赴国忧”。这是他在曹彰死后受到监国使者长期的监视，精神十分痛苦的情况下写的。再如《赠白马王彪》，充满着悲愤哀伤、凄凉寥落的惆怅之情。曹植在长时间的压抑之中爱用思妇、怨妇、弃妇的形象，表达自己对现实的绝望和愤慨。他采用内蓄的手法来强烈表达自己的沉痛至极，从而形成其诗歌的含蓄阴柔之美，这是“骨气奇高”的另外一种表达方法。

曹植在写诗时非常注重对语言的雕琢，用语华丽静美，而且合乎音律，讲究对偶，所以形成了“词采华茂”的特点。但是，曹植的诗歌在这种华丽的形式下并没有失掉丰富的内容，他能把形式和内容结合在一起，达到完美的效果。如《美女篇》，他以极其艳丽的语言，把一个光彩照人的采桑女描写成貌若天仙的美人，从摇曳的桑枝写到纤纤采桑的手，到飘荡的裙裾,无不饰尽华丽的词语:“柔条纷冉冉，落叶何翩翩。攘袖见素手，皓腕约金环。头上金爵钗,腰佩翠琅玕。”展现在我们面前的是一个超凡脱俗的绝妙女子。

关于曹植诗歌总的艺术风格，钟嵘在《诗品》中曾用“骨气奇高, 词采华茂。情兼雅怨，体被文质”来评价，这是很全面的。曹植的诗，一方面感情真挚强烈，笔力雄健，体现了“雅好慷慨”的建安诗风，另一方面又呈现着色泽丰富，文采斐然的面貌，在这一点上，曹植是超越前人的，在所有建安作家中，也是突出的。所以在中国诗歌史上，他被视为五言诗的一代巨匠。

五、辞赋抒怀

赋是一种介于诗与散文之间的文学体裁，兴于楚而盛于汉。曹植集诗人与赋家于一身，并且都取得了很大的成就。曹植在《前录自序》中说自己“少而好赋，其所尚也，雅好慷慨”，意思说曹植从小就喜欢写赋文，推崇的是意气激昂、情思悲凉的风格。曹植的辞赋无论思想内容还是艺术形式都达到了很高的水平，吴质曾称赞他是“赋颂之宗，作者之师”。

（一）记功述德心怀壮志

我们知道，曹植生活的早期正是建安时代，军阀割据混战，其父曹操为建功业南征北战，并且势力日渐强大。曹操凭借其卓越的政治、军事才能，再加之“挟天子以令诸侯”的优势，日渐将曹魏政治集团发展成为一个很有希望一统天下的势力，他实行开明的政治、经济政策，在赢得地盘的同时，也赢得了很多的民心。这种铲除地方割据的统一战争，自然也得到了很多文人的歌颂，尤其是邺下文人集团。曹植在此时自然不能落后，因此他此时辞赋创作的中心是替父亲曹操歌功颂德。

曹操打败自己北方最大的对手袁绍之后，攻克了长期被袁氏父子占据的邺城。自此，邺城便成了曹魏集团的政治中心。建安十五年的冬天，曹操在邺城修筑了铜雀台，此台可供观赏、游览，同时也有一定的军事价值。铜雀台刚建成的时候，曹操曾带领儿子们登台参观，并且命他们即兴作赋，19 岁的曹植第一个完成，此即闻名古今的《登台赋》：

从明后而嬉游兮，登层台以娱情。
见太府之广开兮，观圣德之所营。
建高殿之嵯峨兮，浮双阙乎太清。
立冲天之华观兮，连飞阁乎西城。
临漳川之长流兮，望园果之滋荣。
仰春风之和穆兮，听百鸟之悲鸣。
天功恒其既立兮，家愿得而获逞。
扬仁化于宇内兮，尽肃恭于上京。
虽桓文之为盛兮，岂足方乎圣明。

休矣美矣！惠泽远扬。

翼佐我皇家兮，宁彼四方。

同天地之矩量兮，齐日月之辉光。

永贵尊而无极兮，等年寿于东王。

铜雀台是曹操北伐袁绍取得胜利的成果，它是象征曹操武功鼎盛的雄伟建筑，曹植登高远望，他所看见的不仅是眼前壮美的大好河山，而且，他似乎也预见了曹魏政治集团最终的胜利和与之紧密相关的自己光明锦绣的前程，真可谓是志得意满。此情此景怎能不激起曹植的壮志豪情。全赋篇幅不长，但词语都很精当得体。主要有三个方面的内容，一是传神地描写了铜雀台的宏伟气势“建高殿之嵯峨兮，浮双阙乎太清”；二是称颂曹魏集团领导者的英明伟大，所以才有今天的胜利“虽桓文之为盛兮，岂足方乎圣明”；三是表达了对曹魏以及对父亲的祝福“永贵尊而无极兮，等年寿于东王”。这篇赋深得曹操的喜爱，曹植

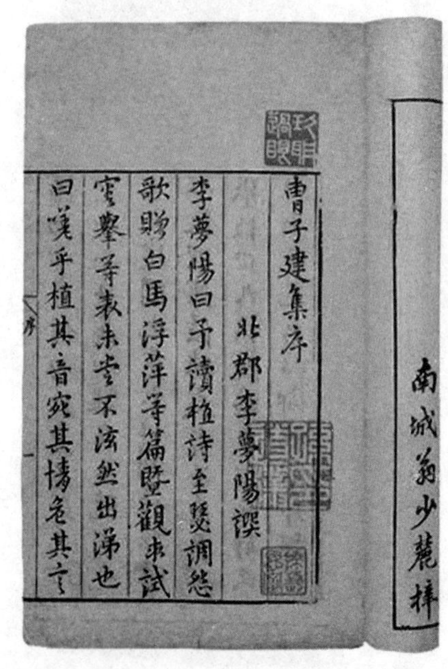
南城翁少麓梓

曹子建集序

北郡李夢陽譔

李夢陽曰予讀植詩至瑟調怨

歌贈白馬浮萍等篇暨觀求試

審舉等表未嘗不泫然出涕也

曰嗟乎植其音宛其情危其言

的才华也由此真正得到了认可。在用人上“唯才是举”的曹操一度想立曹植为世子，继承自己的事业，完成天下统一大业。而曹植、曹丕之间争立世子的序幕亦由此拉开。

建安十六年，关中马超、韩遂、李堪、成宜等部起兵共有约十万人反抗曹操。当年七月，曹操亲率大军征讨马超等。曹植做了《离思赋》记叙了这件战事，序云：“……大军西讨马超，太子留监国，植时从焉。意有忆恋，遂作离思赋云”，即曹操率领大军征讨马超，曹丕留守管理国家政事，曹植当时跟随父亲在军，因很有怀恋之意，于是写作了这篇《离思赋》。曹植赋中有这样一句话：“在肇秋之嘉月，将耀师而西旗。余抱疾以宾从，扶衡轸而不怡。”曹操西征马超是他统一北方过程中非常重要的一次战役，此时曹植虽然“抱疾”未愈，是带病之躯，仍然被曹操带在身边去参加战斗，接受磨炼，从中我们可以看出曹操对儿子的严格教育。在父亲的教育和熏陶下，曹植也立志成为一个像父亲曹操一样能够建功立业的大英雄。

建安十九年，曹操又亲自率师攻打孙吴，在这场战斗中，曹植虽然没有跟随父亲真正驰骋沙场，但他也肩负重要任务:"典禁兵，卫宫省"，负责守卫后方。他面对即将开赴前线的远征大军，心潮起伏、感慨良多，所以做《东征赋》热烈歌颂征吴大军壮盛的气势，抒发了个人崇高的爱国理想和为国立功的远大抱负,对胜利充满信心。这次战斗的结果是:孙权和刘备双方联合，在赤壁大败曹操，曹军损失巨大，曹操于华容小路仓皇逃脱，保住了性命。虽然和曹植十足的信心有反差，但《东征赋》鲜明地反映出曹魏集团当时高昂的精神面貌，洋溢着饱满的战斗激情。

随着曹魏政权的巩固和扩展，邺城

陆续兴建了一系列高耸云霄、金碧辉煌的楼台馆榭，他们是曹操叱咤风云、雄视当世的最好象征，曹植做了《节游赋》，他用丰富的笔触描画它们的富丽宏伟，三台即铜雀台、金虎台、冰井台，三台楼阁相通，成整体建筑群。这一建筑群工程浩大，雄伟壮观，集中地体现了曹魏统治地区的繁华富庶。

曹操去世后，曹植还不时怀念起父亲所建立的丰功伟业，《怀亲赋》中“猎平原而南鹜，睹先帝之旧营。步壁垒之

常制，识旌麾之所停”就是他看到父亲作战的旧地，睹物思人的作品。

曹植对“外定武功，内兴文学”的曹操充满敬佩之意，所以他要充满激情地为其歌功颂德。曹操也成了他效仿的对象，他一直有“戮力上国，流惠下民，建永世之业，流金石之功”的宏图壮志，他愿意为国家效力，为百姓谋福，建立永世的基业，成为像曹操一样为人敬仰的大英雄。因此，在对曹操以及他所领导的曹魏政治集团的歌颂中，也包含了曹植自己满腔的政治豪情。

（二）笔触深远关怀现实

曹植虽然是贵族公子，但是他和一般的纨绔子弟是不同的，他并没有沉迷于优越富足的生活而不能自拔，他的笔触并没有只是停留在自己狭窄的生活圈子内，而是伸向了更为广阔的天地中，把他的注意力放在了社会现实和百姓疾苦之上。

建安时代，社会动荡不安，战乱不断，百姓多出走逃亡，生离死别的现象司空见惯。曹植在《归思赋》中以“背故乡而迁徂，将遥憩乎北滨。经平常之旧居，

感荒坏而莫振”深刻描写了战争对百姓平静生活的破坏：住房坍塌，土地荒芜，百姓不得已沦落天涯，过着颠沛流离的悲惨生活。动荡年代，百姓无家可归，沦落他乡。而能平安归故乡，过安定生活，是人们普遍的心声。这篇赋文，表现了曹植对百姓深深的同情之心。《洛阳赋》是曹植在建安二十年随父西征张鲁、路过洛阳时所见到的情景。他细致地描绘了昔日繁华的洛阳历经战争后一片残破的荒凉景象，反映了战争给社会带来的深重灾难。

用辞赋描写爱情，在中国文学史上有着悠久的历史。曹植的辞赋中，也有很大一部分描写男女恋情的作品。我们要注意的是，曹植反映爱情生活的作品，多数都有很深刻的社会意义。如曹植在《静思赋》中为我们刻画了一位少女的美丽多情以及爱慕者的众多：“夫何美女之娴妖，红颜晔而流光。卓特出而无匹，呈才好其莫当。性通畅以聪惠，行孅密而妍详。荫高岑以翳日，临绿水之清流。秋风起于中林，离鸟鸣而相求。愁惨惨以增伤悲，予安能乎淹留。”在我们现代人看来，这样一个美丽的青年女子本应和所爱之人一起幸福生活，但是，那个年代，自由恋爱是不被允许的。在封建婚姻制度下，青年男女的婚姻要听凭“父母之命，媒妁之言”，自己并没有选择的自由和权利。作者向我们讲述的是美丽女子的不美丽的遭遇。曹植在《愍志赋》中详细地描写了邻居之女在包办婚姻下，无奈出嫁之后的悲惨遭遇，她苦苦地想念着心中所爱的对象，苦忍着现实悲惨的生活：

窃托音于往昔，迨来春之不从。
思同游而无路，倩壅隔而靡通。
哀莫哀于永绝，悲莫悲于生离。
岂良时之难俟，痛予质之日亏。
登高楼以临下，望所欢之攸居。

去君子之清宇，归小人之蓬庐。

欲轻飞而从之，迫礼防之我拘。

作者一方面对主人公抱有深深的同情，另一方面又大声地控诉了这种害人的封建婚姻制度。

曹植的《出妇赋》则反映因丈夫喜新厌旧给妇女带来的灾难和痛苦：

妾十五而束带，辞父母而适人。

以才薄之陋质，奉君子之清尘。

承颜色以接意，恐疏贱而不亲。

悦新婚而忘妾，哀爱惠之中零。

遂摧颓而失望，退幽屏于下庭。

痛一旦而见弃，心忉忉以悲惊。

衣入门之初服，背床室而出征。

攀仆御而登车，左右悲而失声。

嗟冤结而无诉，乃愁苦以长穷。

恨无愆而见弃，悼君施之不终。

赋中详细地描写弃妇被赶出婆家时的凄惨情形，动人心魄，很能激起人们对负心男人的痛恨。曹植描写的这种现象在封建社会是普遍存在的：女人没有权利，只是男人的玩物；男人可以有三妻四妾，女人可以被随意抛弃。这种男女不平等的制度夺去了很多女人的生命，因为弃妇不光是被丈夫抛弃了，他们也被全社会抛弃了，很多女人无法忍受社会和家庭给她们的冷遇和歧视，于是死便成了解脱。曹植在辞赋中表达了对遭受迫害的妇女的深切同情，作为王侯贵

族的曹植在那样的时代、那样的制度下能有这种对下层人民的关怀是难能可贵的，因而是值得敬佩的。

正是因为曹植对现实和下层人民的广泛关注和对人民的深切同情，使他的作品迸发出了动人的光彩。

（三）感时咏物悲愤于文

曹植有很多辞赋是有感于四季景色的交替变化和周围事物而成文的，但我们不能将其简单地看做是写景状物的文章，因为在文字下面隐藏着作者坎坷多

难的经历和一腔悲愤之情。

《感节赋》:“欣阳春之潜润，乐时泽之惠休。……愿寄躯于飞蓬，乘阳风而远飘。”作者对春天的到来感到欣喜，对雨水滋润万物感到很高兴……他愿意将身躯寄托在飞蓬上，让自己能够乘风远去。他因大自然美景触发灵感，在描写明媚的春色的同时，表达了诗人想要趁着美好时光建功立业的豪迈情怀。

《大暑赋》描写夏天赤日炎炎似火烧的酷暑,又是另一番风光,另一种心绪。在这种酷热难耐的天气里，作者感受到了辛勤劳作的“机女”和“农夫”的痛苦和无奈。

《愁思赋》:“四节更王兮秋气悲，遥思惝恍兮若有遗。原野萧条兮烟无依，云高气静兮露凝玑。野草变色兮茎叶稀，鸣蜩抱木兮雁南飞。归室解裳兮步庭前，月光照怀兮星依天。居一世兮芳景迁，松乔难慕兮谁能仙，长短命也兮独何愆。”此诗作者通过对萧瑟凄凉的秋天的描绘进而联想到人生之秋，联想到自己两鬓即将斑白，却功业未就，抑郁之情呼之欲出。

这些赋作以生动传神的妙笔，传达了作者对四时景象变化所生发的感受，喜怒哀乐跃然纸上。

曹植还有不少咏物赋，“应物斯感，感物吟志”，它们虽然篇幅短小，却能以小寓大。它们多以物喻人，借物抒怀，抨击现实，发泄不平，寄寓作者丰富的情感、讽喻和感慨。

曹植38岁徙封东阿时，正好有人送给他一只乌龟，却“数日而死，肌肉消尽，唯甲存焉”，诗人因此写了《神龟赋》。他通过对神龟不幸遭遇的描写，表达了对人才不被重用、惨遭杀害的强烈愤慨。同时，他由神龟的命运联想到了自身的坎坷：“龟寿千岁”而被转送，不能主宰本身的命运，这不正和自己“虽有王侯之导”却要在监国使者的严密监视下远离故园，流放到穷乡僻壤的命运是相似的吗？《蝉赋》中的蝉，“清净”“淡泊”“寡欲”“似贞士之介心”，是一个安分守己、中正平和的善良柔弱者的形象，可是它的周围却聚集着“黄雀”“螳螂”“蜘蛛”“草虫”等一群天敌，伺机向他发起猛烈的进攻，他时时担心会成为对手的口中之物；还有那“捷于猕猿”的“狡童”千方百计地追捕，真是四面楚歌、处境险恶之极。这种种生动巧妙的想象，显然来源于作者出于重重罗网，备受摧残而又无从摆脱的切身感受，是作者自身惨遇的真实写照。曹植其他咏物赋所塑造

的鸟虫形象也多类此。

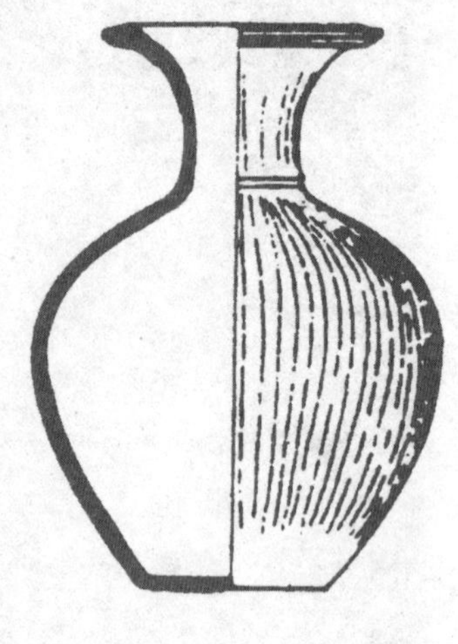

曹植还有一些歌咏草木、咏器物的赋，皆短小精美，别具一格。如《芙蓉赋》《槐赋》《植橘赋》《九华扇赋》《宝刀赋》等，都在其中有很深的寄寓，耐人寻味。

曹植为人很重感情，每当家中有离别之事发生，他多作赋记述，以表达自己的哀愁、悲伤。如妹妹出阁嫁人，他作《叙愁赋》抒离愁别绪："对床帐而太息，慕二亲以憎伤。扬罗袖而掩涕，起出户而彷徨。顾堂宇之旧处，悲一别之异乡。"

面对亲人的生离死别，他更是悲不自胜，在《慰子赋》中他通过"彼凡人之相亲，小离别而怀恋。况中殇之爱子，乃千秋而不见。入空室而独倚，对孤帏而切叹。痛人亡而物在，心何忍而复观。日晼晚而既没，月代照而舒光。仰列星以至晨，衣沾露而含霜。惟逝者之日远，怆伤心而绝肠"的文字，表达了对幼子不幸亡故的深深伤痛之情，字字是情，是血，是泪，一个父亲的悲怆让我们欷歔流涕。

曹丕在位时，曹植受到了接连不断的政治迫害和打击，面对这种抑郁不得志的凄惨生活，他经常将自己的满腔悲愤化为文字，委婉曲折地表现在一篇篇赋文当中，例如《九愁赋》《九咏赋》等篇。其中《九愁赋》是曹植仅次于《七启》和《洛神赋》的第三大赋，在此文中，曹植追述屈原被流放的悲惨遭遇，表面上是写离愁别绪，实际上是倾诉自己备受迫害的一生，包含深刻的政治内容，但作者并没有屈从于不堪的现实，他决心洁身自好，清白做人，不同恶势力同流合污“民生期于必死，何自苦以终身。宁作清水之沉泥，不为浊路之飞尘”，这种正义的风范值得我们喝彩。

曹丕死后，其子曹叡即位，曹植的一腔政治热情又复苏了。他真挚地恳请魏明帝曹叡能够任用他，给他以为魏国

效命的机会。但是，面对曹植一次又一次的上表自荐，曹叡不为所动。曹植在政治上的待遇丝毫没有得到改变，他晚年在封地过的是“左右惟仆隶，所对惟妻子”的孤苦生活。壮志难酬，自由受限，怀才不遇的悲苦又成为曹植赋文创作的内容。如《临观赋》中的“乐时物之逸豫，悲予志之长违”“进无路以效公，退无隐以营私”“俯无鳞以游遁，仰无翼以翻飞”生动地表现出作者“思为布衣而不能得”的艰难处境，令人同情。

曹植创作的辞赋在数量上仅次于诗。

曹植的赋有三个特点，一是取材相当广泛，朝着日常化、生活化方向拓展。二是小型化，他似乎一篇大赋也没有写过，今存作品全是形制较短的小赋，一般只有几百字，最长的《洛神赋》也不过千字左右。三是抒情化，无论纪事或者咏物，他都摒弃了汉赋铺排堆砌的传统，而是渗透进强烈的主观情感。

（四）名篇《洛神赋》

《洛神赋》是曹植抒情小赋中的名篇。这篇赋很讲究技巧，而且语句华美，表现出高度的形象性和丰富的想象力。它熔铸神话题材，通过虚幻的境界，描写了一个人神恋爱的悲剧。读者可以从中看到辞赋家怎样将一个优美的妇女形象刻画得精细入微，生动传神。作品词藻华美、比喻形象、烘托巧妙、写得错综变化，充满了浓郁的抒情意味和绚丽的传奇色彩，具有很强的艺术感染力。

此赋是黄初三年曹植入朝后回封地鄄城（今山东鄄城县）途中经过洛水时有感而作。内容写“我”与洛神相遇，两相爱慕，但人神道殊，未能交接，不禁心怀惆怅。

赋前有小序。交代了时间、行踪和作赋的原委。

作品分为六段。

第一段写东归藩国经过洛水，得见洛神的情景。开篇由京师东归写起，“背伊阙，越轘辕，经通谷，陵景山”。用一组三言排比句，简洁地交代行踪。接着写置车，秣马，流眄洛川，“俯则未察，仰以殊观。睹一丽人，于岩之畔”。让主人公洛神在“我”眼中出场。接着笔锋一顿，忙拉住随从询问女子的姓氏。随从回答：“臣听说洛水的神灵叫做宓妃，那么，君王见到的莫非是她吗？她相貌如何？臣很想听听。”这就很自然地引出下文对洛神作的具体描绘。

余從京域言歸東藩背伊闕越
轘轅經通谷陵景山日既西傾車
殆馬煩爾乃稅駕乎蘅皋秣駟
乎芝田容與乎陽林流眄乎洛川
於是精移神駭忽焉思散俯則
未察仰以殊觀睹一麗人于巖
之畔爾乃援御者而告之曰爾有

第二段着重描写了洛神的容貌、服饰和动作。以“余告之曰”开头，通过回答车夫的问话，集中笔墨描绘洛神的形象。洛神的姿容是美丽的，“其形也，翩若惊鸿，婉若游龙”，洛神体态轻盈婉转，柔美动人，像惊鸿疾飞，似游龙蜿蜒；从远处望“皎若太阳升朝霞”，近看“灼若芙蕖出渌波”。在明亮的丹唇里，洁白的牙齿鲜明呈现；晶亮动人的眼眸顾盼多姿，两只美丽的酒窝儿隐现在脸颊；她姿态奇美，明艳高雅，仪容安静，体态娴静；情态柔顺宽和，语言也妩媚动人。这样一位奇美的女子，她的服饰采旄右蔭桂旗攘皓腕於神滸兮采湍瀨之玄芝余情悅其淑美兮心振蕩而不怡無良媒以接歡兮託微波而通辭願誠素之先達兮解玉佩而要之嗟佳人之信脩羌習禮而明詩抗瓊珶以和予兮指潛川而為期執

打扮也是与众不同的，“披罗衣之璀粲兮，珥瑶碧之华琚。戴金翠之首饰，缀明珠以耀躯”。艳丽多彩的装饰更烘托出洛神的美丽。之后，作者又着力描摹洛神的动作，例如“攘皓腕于神浒兮，采湍濑之玄芝”，伸出素手，在水滩边采拾深色的芝草。作者用生动的语言、形象的比喻为我们勾勒出一幅光艳照人的洛神美女图。通过作者华丽的词藻，详细的铺写，能使人有如洛神在身边的感觉，作者丰富的想象力，令人叫绝。

第三段，写对洛神的爱慕和矛盾的心情。“余情悦其淑美兮”作者深深地爱慕上了她的贤淑和美丽，很自然地承接上文，但“无良媒以接欢”只有“托微波而通辞”，于是解下腰间的玉佩赠与她作为信物。洛神举出琼玉作答，并约定在水中所居之处相会。然而“我”“惧斯灵之我欺”，害怕美丽的神灵欺骗我，于是“怅犹豫而狐疑”，并且告诫自己要“收和颜而静志兮，申礼防以自持”，就是说要镇定情绪，严守男女间的礼仪。在本段中描写、叙事和抒情交相辉映，表达“我”犹豫和苦闷时已经预示了“人神道殊”的爱情最终会以悲剧结局。

第四段，写洛神为“我”的诚心所感动的情怀与行动。首先写的是洛神的情形，“徙倚彷徨。神光离合，乍阴乍阳”，她低头徘徊，忽来忽去，彷徨不安，并且发出了悲哀悠长的啸声来抒发自己深长的情怀，“超长吟以永慕兮，声哀厉而弥长”。洛神的哀啸引来了众神的齐集，接着，作者就开始描绘众神到来的画面“或戏清流，或翔神渚。或采明珠，或拾翠羽”，他们有的在清澈的河水中嬉戏，有的在洛神常游的沙洲上翱翔，有的在河底采摘明珠，有的在岸边拾取美丽的羽毛。整幅画面异常动人。然后又开始描写洛神对“我”的孤独所发出的慨叹及关怀。这段文字精彩动人，而且有很

强烈的神话色彩，更加体现了作者丰富的想象力和高超的驾驭语言的能力。

第五段写洛神因人神道殊，不得交接，只得满怀恋情，怅然离去。洛神越过水中的岛屿，翻过南面的山冈，回转白皙的颈项，用清秀美丽的眉目看着我，启动朱唇，缓缓陈述无奈分离的大节纲常，痛恨人与神的境遇难同，苦怨青春爱情不遂人意，举起罗袖擦拭眼泪，而泪水不禁滚滚而下沾湿了衣裳；伤心美好的聚会将永远断绝，哀怨从此别离，天各一方。

第六段写洛神离开后，“我”对她浓重的思恋。洛神离去，“我”满怀惆怅之心走上山冈，心中不断地想象着相遇情景和洛神的美丽动人，眺望远处，更怀愁思。于是驾起小船逆水而上，期望能再次与她相遇。“我”在长江之上任意漂泊不知回返，思念更是绵绵不绝，却再难遇伊人。无奈，命令仆夫起驾，继续我的归程。我揽住缰绳举起马鞭，在原地盘桓，久久不能离去。结尾反复写追寻、思恋，一唱三叹，再度烘写出了洛神的可慕，使人对这段悲伤的爱情掩卷深思。

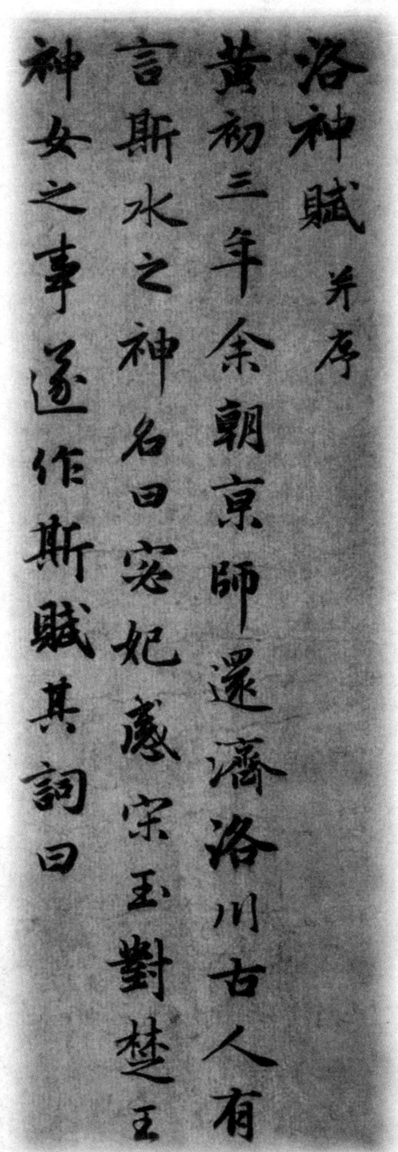

《洛神赋》倾注了作者强烈的爱与恨，是一篇被誉为“明珠”的传世佳作。通过人神相互爱恋却不能相守的爱情悲剧，表现了男女爱情的悲欢离合，寄托了曹植丰富的情怀。其中尤其是第二段描摹洛水神女风姿神韵的文字，经久流传，成为佳话。

很明显，曹植在继承屈原、宋玉等人风格的基础上，对传统辞赋作了进一步的开拓与创新，从而创造了具有自己独特风格的辞赋模式，摆脱了汉赋一味追求宏大体制、堆砌词藻的模式，在短小的篇幅中融进生动的内容和丰富的情感，风格多样，语言精美，在辞赋发展史上占据着重要地位。

六、散文风采

（一）书、表著称

散文在中国有着悠久的历史。在先秦时，就已经达到了很高的水平，出现了很多优秀的散文作家，例如诸子百家的许多作品都足以令后世赞叹。建安时代的散文，在继承先秦优良传统的同时，有了创新，着力向清新方面发展，并且取得了丰硕的成果。

曹植作为建安文人中的佼佼者在散

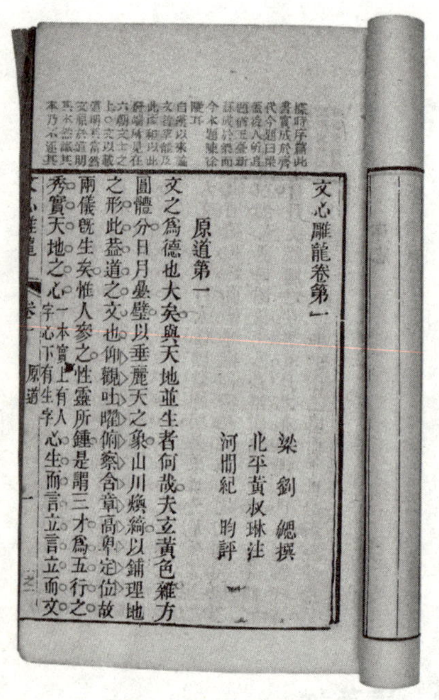
文心雕龍卷第一

梁 劉 勰 撰

北平 黃叔琳 注

河間 紀 昀 評

原道第一

文之為德也大矣與天地並生者何哉夫玄黃色雜方圓體分日月疊璧以垂麗天之象山川煥綺以鋪理地之形此蓋道之文也仰觀吐曜俯察含章高卑定位故兩儀既生矣惟人參之性靈所鍾是謂三才為五行之秀實天地之心心生而言立言立而文

文创作方面更是大显风采，而且，他在散文样式方面都有佳作传世。他的散文保留至今，共有七十多篇。它们包括章、表、书、论、令、文、序、说等多种文体。

曹植的散文以书、表最为著名。刘勰称赞曹植“陈思之表，独冠群才”，意思就是说曹植的表在建安文人中水平是最高的。而曹植的书札更是建安文人书札中的珍品，极具文学价值。例如他早期的《与杨德祖书》和《与吴季重书》均被昭明太子收入《文选》，这足以证明其文章的水平和价值。

“书”即书信，是作者以书信的形式对一些问题发表看法，抒发心情。《与杨德祖书》既是一篇专门研究文学批评理论的议论文，同时又是一篇品评时人、抒发心怀的抒情文。曹植在给杨修的信中全面阐述了自己对文学、文学创作和文学批评的理解。信的开头曹植用简要的文字介绍了当时魏国作家的整体阵容，接着结合自己的愿望对文学创作、批评发表很多宝贵意见，慷慨陈词，令人振奋：

“辞赋小道，固未足以揄扬大义，彰示来世也。昔扬子云先朝执戟之臣耳，犹称壮夫不为也。吾虽薄德，位为藩侯，犹庶几戮力上国，流惠下民，建永世之业，留金石之功，岂徒以翰墨为勋绩，辞赋为君子哉！若吾志不果，吾道不行，亦将采史官之实录，辨时俗之得失，定仁义之衷，成一家之言，虽未能藏之于名山，将以传之于同好；非要之皓首，岂以今日之论乎？”

在这篇文章中，曹植一方面表达了自己在政治上的宏图壮志，盼望“达则兼济天下”。另一方面，曹植对自己的文学才能也表现出了高度的自信，即希望退则著书立说，留言不朽。曹植的心愿是在政治上能大展宏图，造福天下百姓；在文学上能够为后世留下不朽的作品，这也是曹植心目中文人和文学创作达到的最高境界。之后事态的发展证明曹植的确成为让后世景仰的文学大家，但他政治上备受打击，没能实现“达则兼济天下”的愿望。

《与吴季重书》则反映邺下文人优越丰富的生活和洒脱的性格。曹植在给吴季重的书信中首先回顾了之前宴会上依依惜别的情怀以及离别后的想念之情：

“前日虽因常调，得为密坐，虽燕饮弥日，其於别远会稀，犹不尽其劳积也。若夫觞酌凌波於前，箫笳发音於后，足下鹰扬其体，凤叹虎视，谓萧曹不足俦，卫霍不足侔也。左顾右眄，谓若无人，岂非吾子壮志哉！过屠门而大嚼虽不得肉，贵且快意。当斯之时，愿举太山以为肉，倾东海以为酒，伐云梦之竹

以为笛，斩泗滨之梓以为筝，食若填巨壑，饮若灌漏卮，其乐固难量，岂非大丈夫之乐哉！然日不我与，曜灵急节，面有逸量之速，别有参商之阔。思欲抑六龙之首，顿羲和之辔，折若木之华，闭蒙汜之谷。天路高邈，良久无缘，怀恋反侧，如何如何！”

这段文字中描写的是作为贵族公子曹植的豪华悠闲生活。的确，统治集团的奢靡享乐的生活让我们不齿。据《三

国志》记载，在统治集团内部，这类夜以继日的酒席上，竟有人酗酒身亡，司徒校尉丁冲就因“酒美不能止，醉烂肠死”。由此可见，曹植的描写虽含有夸大的成分，但确实是有根据的。曹植描写豪华宴饮时想象奇特，气势磅礴，充分显示了散文大家的宽阔胸怀。但是这种宴饮不是堕落的，不是今朝有酒今朝醉的沉迷，它包含了建安文人对建功立业的热烈向往和积极进取精神。曹植在这篇书札结尾热情鼓励吴质在自己岗位上要不辱君命，知难而进，并做出好的政绩来就是明证：“又闻足下在彼，自有佳政，其求而不得者有之矣，未有不求而得者也。……愿足下勉之而已矣。”这种积极进取、艰苦奋斗的政治家的襟怀和风度，是难能可贵的。

曹植散文作品中，表的数量最多。因为他身为王侯，需要经常向上陈情奏事。《文选》卷三十七表下注云：“表者，明也，标也。如物之标表，言标著事序，使之明白，以明主上，得尽其忠曰表。”

曹丕在位的时候，对曹植有很重的猜疑，派出“监国使者”监视曹植的一举一动。在重重的政治迫害下，曹植遭遇了各种坎坷。在这种情况下，曹植为人处事小心翼翼，诚惶诚恐，恐怕稍有不慎，触怒曹丕。因此曹植这个时期的表文主要内容是请罪、谢恩和表达对曹丕的忠心。《上银鞍表》云：“于先武皇帝世，敕此银铵一具，初不敢乘，谨奉上。”意思是说魏武帝曹操在世时，曾经赐给自己一副银马鞍，自己没舍得乘坐，现在把它献给曹丕。还有一篇《上先帝赐铠表》也是表示将曹操所赐之物上交朝廷。曹植这样将父王赐给的物品上交朝廷，实际上是向曹丕表示自己没有觊觎皇位的非分之想。《谢初封安乡侯表》是感谢曹丕对自己所犯错误的宽大处理，歌颂皇恩浩荡的：“臣抱罪即道，忧惶恐

怖，不知刑罪当所限齐。陛下哀愍臣身，不听有司所执，待之过厚……臣自知罪深责重，受恩无量，精魄飞散，忘躯殒命。”曹植的主要意思是他犯下了重罪，感到非常忧虑和害怕，但是皇帝曹丕顾念兄弟之情，没有按照相关法制去惩罚他，待他有很厚的恩情……自知罪孽深重，很感激曹丕对他的宽赦。曹丕在位期间，曹植为使自己尽量减少或摆脱过多的迫害，写下了不少请罪、谢恩、表“忠心”的表，这些作品大多是在不得已的情况下才写的，而且还有一部分违心之作，反映了作者性格上有很软弱、卑屈的一面。这一部分作品大多文学价值不高。

曹叡即位后，曹植又开始燃起了参与国家政事的积极愿望。他的激情不止一次地在他呈给曹叡的表里表现出来，让我们印象深刻。例如著名的《求自试表》。《文选》引《魏志》曰：“太和二年，植还雍丘。植常自愤怨，抱利器而无所施，上疏求自试。”意思是太和二年，曹植回到雍丘之后，他经常因为自己空有才能无处施展而感到遗憾和愤懑。于是，他上表请求得到皇帝的任用。全文字字饱含真情，都是披肝沥胆之言。首先从人生的意义谈起：“臣闻士之生世，入则事父，出则事君；事父尚于荣亲，事君贵于兴国。故慈父不能爱无益之子，仁君不能畜无用之臣。”接着又抒发了自己报国无门的苦闷之情。曹植是一位有远大理想的贵族王侯，身居王侯之位，觉得无功受禄，心中有愧，所以想让魏明帝给他报效国家的机会。第二段陈述当时三国分裂的政治形势：“方今天下一统，九州晏如（安定）。顾西尚有违命之蜀，东有不臣之吴，使边境未得税甲，谋士未得高枕者，诚欲混同宇内，以致太和也。”说明统一国家的艰巨任务还在等待人们去完成，对此最高统治者不能不保持清

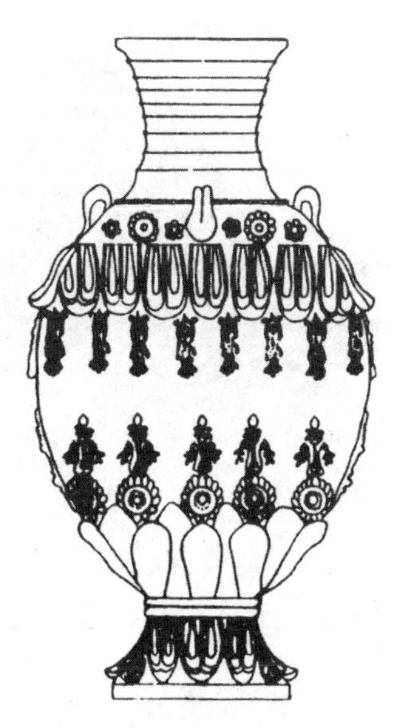

醒的头脑。以后各段则写自己想请缨出征，并且通过追述早年与父亲南征北战的经历来说明自己能够担当重任，希望魏明帝能够体恤他的一片忠心，给他为国效命的机会。最后点明上表的动机乃出于对魏国安危的高度关心："臣敢陈闻于陛下者，诚与国分形同气，忧患共之者也。"深感自己与明帝气血相同，为骨肉之亲，生死与共，故倾吐衷情，以求上达。曹植在《求自试表》里表现出来的强烈的献身于国家统一事业的斗争精神，其中虽然包含有"疾没世而名不显"的个人扬名的因素，但结束分裂、实现统一是符合历史前进方向和人民要求的，因而对这种献身精神应该予以充分肯定。

《求自试表》尽管文采飞扬、感情充沛，却并未能打动主上，魏明帝对曹植继续不予重用，充分反映其对曹植的猜疑之深，丝毫不亚于其父曹丕。

曹植写下的《求自试表》，虽然也属于表“忠心”的作品，却和曹丕时期的表“忠心”的作品不同，很有思想价值，文辞也有特色，尤其是贯穿始终的激情令人久久回味。

曹植等魏国诸侯在名义上是贵族，实际上却形同囚犯，毫无人身自由可言。为了改变这种悲惨现状，争取行动自由，曹植在太和五年上表，动之以情，晓之以理，请求魏明帝放松对诸侯王的限制，这就是著名的《求通亲亲表》。

曹植对曹魏王朝一直都是衷心拥护的，他一直积极关注着曹魏王朝的发展，这在闻名古今的《陈审举表》中有鲜明的体现。曹植在文中反复强调举贤任能的重要性和急迫性。同时，他表示反对当朝采取的“公族疏而异姓亲”的错误政策，因为这容易导致政权被异性贵族篡夺。后来曹魏政权被司马氏篡夺的事实证明了曹植的远见卓识，可惜的是当时的魏明帝并未重视曹植的忧虑。

曹植的散文中还有一批论说之文。“论”与“说”在中国古代是两种文体。“论”与“说”在后代统称为“论说文”，“论”是论理，重在用严密的理论来判辨是非，大多是论证抽象的道理，“说”是使人悦服，除了古代常用口头上的陈说外，多是针对紧迫的现实问题，用具体的利害关系或生动形象的比喻来说服对方。曹

植的论说文如《汉二祖优劣论》《藉田说》《令禽恶鸟论》《成王汉昭论》等，也都写得有理有据、论析得体，很有说服力。

（二）艺术技巧

曹植的散文在艺术上独具一格，很有特色，历来评价很高，杜甫曾赞其“文章曹植波澜阔”，他的散文主要有以下一些艺术特色：

第一，感情充沛。真挚的感情可以说是艺术永久的生命力，散文创作更是应该如此。曹植的散文很好地坚守了这一原则，无论是畅谈友情、谈文论道，

还是忧虑政事，字字都饱含着感情，没有过多华丽的词藻，却能让人读后很受感动，透过文字，我们似乎可以看到曹植真诚、热情、自然的个性。他的散文是古代散文小品中不可多得的佳作。如著名的《陈审举表》就是一篇充满激情的文字：作者在向魏明帝强调审能举贤的重要意义和魏王朝急需解决的重要问题时，并没有停留在表面的、机械的分析上，而是加入了自己充沛的感情，直抒胸臆，慷慨陈词，使这篇表文具有了动人的魅力。《与杨德祖书》同杨修畅谈了当时魏国文坛的得失是非和个人志趣抱负，文笔锋利，极富雄辩力。

第二，联想巧妙，想象丰富。曹植以诗人的气质描写一切，笔下挥洒自如，得心应手，他能发挥自己丰富的想象把一些很抽象的事物刻画得非常生动形象。刘勰称赞他“思捷而才俊，诗丽而表逸”，即思维敏捷，很有才干，诗歌富丽，表文清逸。这是对曹植超凡的想象力的肯定。在他的作品中，某些普通常见的事物往往可以表现奇特的意趣，如《与陈琳书》，在这篇散文中，曹植描写神奇华丽的服饰“夫披翠云以为衣，戴北斗以为冠，带虹霓以为绅，连日月以为佩”，在这里诗人把翠云想象成了衣服，把北斗星当成了帽子，把彩虹当做衣带，

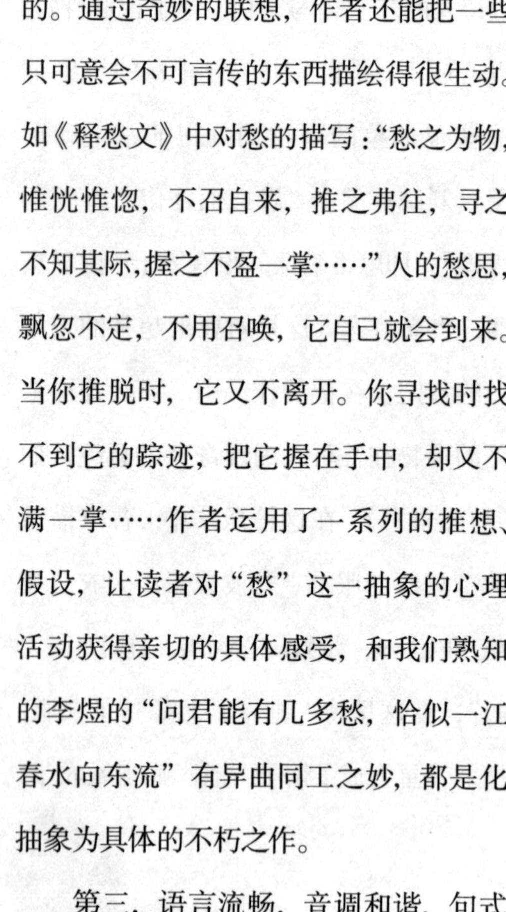

日月当成玉佩，这是一般文人想象不到的。通过奇妙的联想，作者还能把一些只可意会不可言传的东西描绘得很生动。如《释愁文》中对愁的描写：“愁之为物，惟恍惟惚，不召自来，推之弗往，寻之不知其际，握之不盈一掌……”人的愁思，飘忽不定，不用召唤，它自己就会到来。当你推脱时，它又不离开。你寻找时找不到它的踪迹，把它握在手中，却又不满一掌……作者运用了一系列的推想、假设，让读者对“愁”这一抽象的心理活动获得亲切的具体感受，和我们熟知的李煜的“问君能有几多愁，恰似一江春水向东流”有异曲同工之妙，都是化抽象为具体的不朽之作。

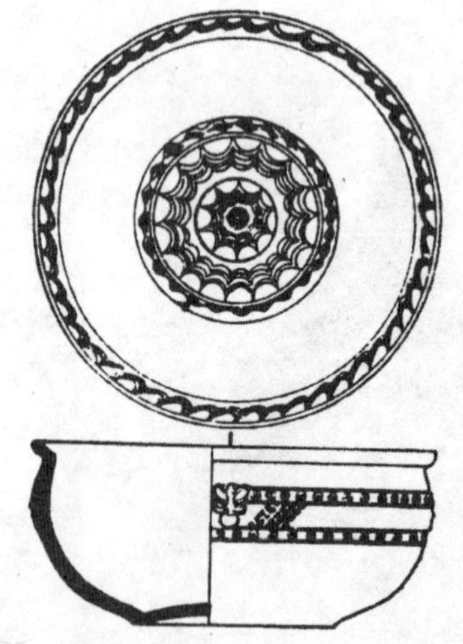

第三，语言流畅，音调和谐，句式工整。曹植散文以语言流畅清丽著称，这是因为曹植在创作时从不刻意为情造词，而是随性所至，一气呵成，浑然天成。东晋的李充称赞曹植的文章：“表，宜以远大为本，不以华藻为先。若子建之表，可谓成文矣。”即表这种文体，应该把意义深远作为根本，不应该只追求词藻华丽。像曹子建的表，可以说是真正的文章！例如曹植的《与杨德祖书》《求自试表》等，语言都很通俗易懂，造句洗练。更加难能可贵的是，曹植的有些作品，虽然在句法上骈俪成分很重，却未影响其语言的流畅自然，句式上奇偶相对，三言、四言、五言、六言等相间，错落有致，增加了文章的起伏之美。这和后代骈文的形式主义文风有着本质的区别，可以说是形式和内容俱佳的作品。曹植很善于根据文章内容的实际需要，选择语句的急缓。如《释愁文》：“吾将赠子以无为之药，给子以淡薄之汤，刺子以玄虚之针，灸子以淳朴之方，安子以恢廓之宇，坐子以寂寞之床。使王乔与子遨游而逝，黄公与子咏歌而行，庄子与子具养神之馔，老聃与子致爱性之

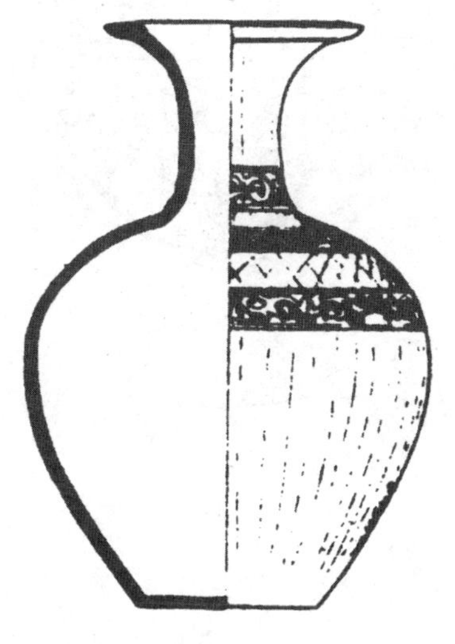

方，趣遐路以栖，乘青云以翱翔。”此文采用一系列长句，节奏舒缓，徐徐道来，让人似乎遨游于太虚之境，愁怨顿消。如《谏伐辽东表》:“若其不拔，旷日持久，暴师于野。然天时不测，水湿无常……”句子多数是短句，事急，情急，铿锵有力，节奏分明，气势强烈奔涌而来，增强了事情的紧迫感。

第四，用“喻”恰当。曹植还善于用一些人们习见的比喻来形象地说明问题，如用“树之蝎者”比喻包藏祸心、图谋不轨的奸臣，用“南威之容”“龙渊之利”比喻批评家的才华与修养，这些比喻，都很生动、确切，有的至今还出现在人们的口语或书面语言里。借古喻今也是曹植散文常用的表现手法，如《求自试表》中用贾谊欲讨匈奴、霍去病“匈奴未灭，无以为家”的故事，说明忧国忧民正是为臣的本分，而作者此刻正是向前贤看齐，愿效命沙场，为国立功。

曹植有时候还用寓言故事来说理，如《髑髅说》就是利用庄子和骷髅对话的故事来表达其对生死的看法。曹植散文中的鸟兽草木，往往被赋予了特定的含义，可以看出其接受屈原艺术熏陶的明显痕迹，曹植曾经用鸟雀象征受迫害的弱者，用麒麟象征仁义之士，这些意象在曹植笔下都已经人格化、道德化了，既增强了作品的生动形象性，又启人深思，充分发挥了文学的教化功能。

总之，曹植的散文不仅有丰富的内容、真挚的情感，而且在艺术上抒情色彩浓厚、想象丰富、体制宏大、结构明朗、语言流畅、文字简洁、比喻生动。讲究艺术技巧，是曹植散文取得卓越成就的重要原因之一。徐伯虬称赞曹植的散文和他的诗赋一样，“是为建安之冠也”，我们也能从中体会出其非凡的魅力。

通过以上的论述，毫无疑问，曹植在诗歌、辞赋和散文方面的巨大成就，

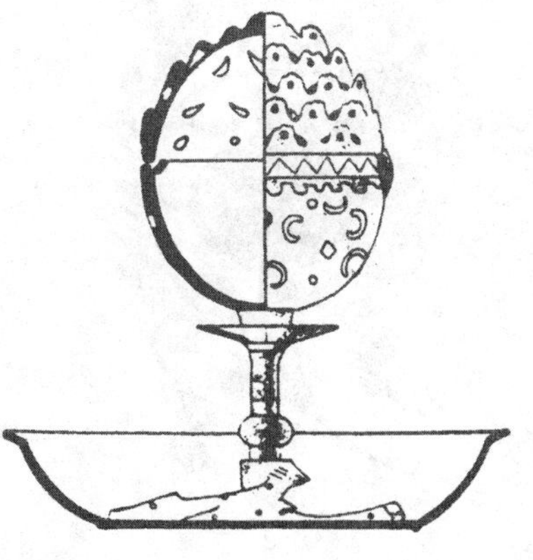

使他成了建安时代、乃至中国文学史上一位“卓尔不群”的文学家。曹植一生建功立业的志愿十分强烈，同时他也是政治上的悲剧人物，一生抑郁不得志。比起父亲曹操与兄长曹丕，他在政治上的地位与影响要小得多。相反，在文学上，曹植却成了闪亮的焦点，尽管他与曹操、曹丕被文学史合成“三曹”，但是“三曹”中人们更看重曹植的文学成就，这对其政治上的失意是一个很好的弥补。曹植的才气成就了巨大的功勋，使他赢得了“才高八斗”的美誉，他是建安文学的集大成者，在中国优秀文学传统的形成过程中，曹植功不可没。没有他，中国古文学的光辉将会黯淡许多。他的作品对后世产生了深远的影响，在两晋南北朝时期，他被推尊到文章典范的地位。